꽃은 저 홀로 피어

| 이명희 제4시집 |

작가의 말

변화의 아름다움을 뿜어내는 마음으로
나만의 색깔을 지닌
흔들림 없는 모습으로 살아간다는 것
마음속 오랜 여운을 갖게 합니다.

변화무쌍한 삶의 한가운데에서
사랑하고 좋아서 다가서고 싶은
갈망의 꽃은 저 홀로 피어
향기를 모아 꽃다발로 엮으라 합니다.

전율처럼 다가와 뜨거웠던 순간들
온몸을 건드리며 아프도록 춤추게 했던
미처 나누지 못한 마음들을 모았습니다.

2024년 늦가을
찬비 내리는 날

차례

작가의 말　　7
시집을 닫으며　128

1부 | 봄날은 눈부신 부활의 축제다

14_ 봄날은 눈부신 부활의 축제다
16_ 매화
17_ 춘(春) 동백
18_ 물들고 싶어
19_ 그대, 삼월(三月)을
20_ 봄, 선운사
22_ 가슴이 헐렁한 날에는
23_ 제비꽃
24_ 꽃잎 편지
25_ 동백이 피거들랑
26_ 감사의 기도
28_ 냉이꽃 편지
29_ 꽃은 저 홀로 피어
30_ 선운사 동백
31_ 4월에는
32_ 툭 툭
34_ 그대의 쓸쓸함은 안녕하십니까?
36_ 봄날의 안부
37_ 봄비 지나간 자리
38_ 연둣빛 단상(短想)

2부 | 숲에 드니

40_ 오월에는
41_ 어느 봄날
42_ 숲의 테마·1
43_ 숲의 테마·2
44_ 숲의 테마·3
45_ 숲의 테마·4
46_ 숲의 테마·5
47_ 숲의 테마·6
48_ 6월에는
50_ 봄비가 오면
51_ 여름날 숲에 드니
52_ 수목원 담쟁이처럼
53_ 무궁화꽃이 피었습니다
54_ 찔레꽃이 필 때면
55_ 七月의 그루터기
56_ 바람의 언덕에서
57_ 해바라기 연가
58_ 여름 밤바다
59_ 8월의 詩
60_ 여름 끝자락

3부 | 가을 칸타타

62_ 9월에는
63_ 강변길 실루엣
64_ 올 가을에는
65_ 가을 초상(肖像)
66_ 그리움 하나
67_ 가을 칸타타
68_ 눈부시게 타고 있는
69_ 다시 가을애(愛)
70_ 가을을 타는 여자
71_ 길 위에서
72_ 로맨스romance
73_ 당신의 가을은 어떠신지요?
74_ 차(茶) 한 잔 주문합니다
75_ 10월은
76_ 고요 속에서
77_ 소야곡(小夜曲)
78_ 슬픈 연가
79_ 가을이 깊어지면
80_ 미시령 고개
81_ 늦가을 찬비

4부 그대 아는가

84_ 간이역
85_ 11월에는
86_ 어디로 갈까
88_ 겨울 소나타
89_ 하얀 상념(想念)
90_ 묵시록 한 페이지
91_ 차가운 연가
92_ 12월의 詩
93_ 설원(雪原)
94_ 허물며, 허물어가며
95_ 그대 아는가
96_ 비 내리는 날엔
97_ 슬픈 그리움
98_ 어둠을 삼킨 빛
99_ 별 하나가
100_ 아버지
101_ 어머니의 강(江)
102_ 붉은 장미
104_ 갈 길은 먼데
105_ 사랑의 완성

5부 바람이고 싶어라

108_ 리턴
109_ 고독한 밤
110_ 밤새 비 내리고
111_ 응급실 풍경
112_ 나의 바다
113_ 사랑이라면
114_ 바람 속의 여자
115_ 초록비
116_ 몽환(夢幻)
117_ 그 후(後)
118_ 사람들은
119_ 다시 교정에서
120_ 그대는
121_ 긴 장마
122_ 꽃다지
123_ 빈 의자
124_ 운주사에 가면
125_ 무심한 척 살아도
126_ 다시, 새해

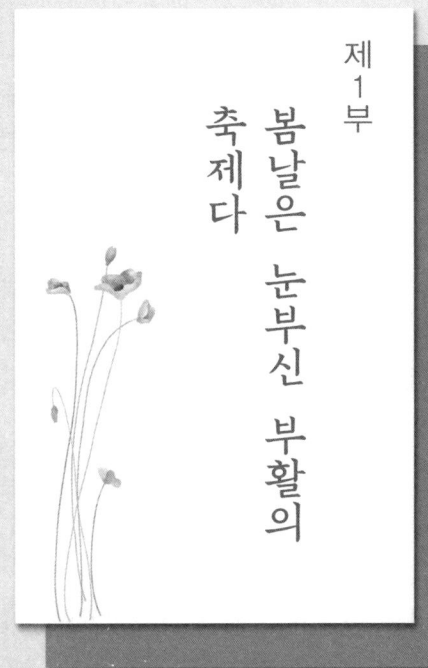

제1부 봄날은 눈부신 부활의 축제다

봄날은 눈부신 부활의 축제다

바람이 불어도 꽃들이 있어
저절로 행복해지는 봄
오종종 모여 있는 것들이
아름다운 풍경이 되는
봄날의 꽃들은 겸손하게 피어
사람들과 조우遭遇 한다

상처가 치유되지 않은 영혼은
꽃을 피울 수 없다는 듯
양지쪽 둥지를 틀고 앉은 작은 풀꽃들
환한 웃음을 터트리고 있다

길고 깊었던 사유의 잠에서 깨어나
희망으로 일어선 순수한 영혼들
앞다투어 대지를 환희의 빛으로 물들이고 있다

가까운 숲이 먼저 연둣빛으로 치장을 하면
침묵의 고행을 마친 산도
덩달아 온갖 꽃을 피운다

사람들도 마음에 꽃물 들이며
분홍빛으로 설렌다

힘겹게 겪어온 온갖 풍상들은
사랑과 믿음의 격동으로 밝아져
기쁨의 숨을 쉬는 봄날은 눈부신 부활의 축제다.

매화

몸살기 추스른 바람 속에서
부끄러움 숨긴 채
갈증의 눈빛으로 옷고름을 푼다

전율의 숨소리 몸을 비비자
촉촉한 그리움 휘청거리며
끈끈하게 혈관을 돈다

소리 없는 갈망
사랑한다 말하지 않아도
슬프도록 행복한 입술을 연다.

춘春 동백

투명한 결기의 계절
빙벽을 두드리며
혼자서 뱉어내는 붉은 마음의 독백

움츠린 갈등의 어둠을 뚫고
마음이 가는 대로
휘젓는 갈필渴筆

무심한 시선들로 쉽게 재단되었던
가타부타를 깨어 부시고
사랑의 불씨를 지핀다

수없이 많은 날
남몰래 흘린 고단한 눈물
화사한 빛으로 물들이고 있다

그 밋밋했던 가슴을

물들고 싶어

병실병실 핀 꽃들
푸름푸름 익어가는 봄

어렵게 들춰낸 마음 저편
애원하고, 아파하고, 기뻐하며,
행복했던 향기 찾아가는 가슴에
격한 파동이 입니다

물들고 싶어,
일렁이고 싶어,
바람이 되고 싶어,
행간에 스미는 바람을 찍어내며
어지럼증을 앓습니다

오래된 그리움 하나
여전히 붉디붉습니다

그대, 삼월三月을

만나기도 전부터 좋은 느낌으로
희망을 가득 담아 오는 그대
나 분홍빛으로 설레리라

하늘가 찬란한 꽃빛을 이고
대지의 두근거림으로 오는
그대 벅찬 향기 가슴으로 안으리라

나누어 줄 것 별로 없지만
따뜻한 마음 한 조각 내어주며
그대인 듯 나인 듯 사랑하며 살리라

봄, 선운사

바람꽃 일렁거리듯 덧칠된 그리움의 목소리
환청처럼 들리는 날은 선운사로 가보아라
오르막과 내리막 길 바람소리 가둬놓고
설운 연가 질펀하게 부르고 있는 도솔천에
심장을 담그면 그리운 이 곁으로 와 앉을 것이다

등걸잠 깨우는 흐느낌의 소리 구석에 박혀
따오기 소리가 나는 날은 선운사로 가보아라
부드러운 눈빛으로 사색의 뜰을
자비로 버무리고 있어 자애로운
도솔암의 마애불을 만날 것이다

오늘처럼 바람 불고 비가 와서
마음이 더욱 추운 날은 선운사로 가보아라
세월 따라 느슨하게 풀린 천년 세월
숲을 이룬 뒤 안에서 나보다
더 설운사연 있냐며
후두둑 떨어지는 동백을 보게 될 것이다

마음이 그 어떤 구석을 건드려 대책 없이
가슴이 뛰는 날은 선운사로 가보아라
외로워서 시를 쓰다 울고 있는
앉은뱅이 꽃들이 낮술 한잔에 위로를 청하는
그대를 맞아 억장 무너지는 봄밤을
함께 하자 조를 것이다

가슴이 헐렁한 날에는

누군가가 그리워 가슴이 헐렁한 날에는

한 밤을 지새워도 지루하지 않을
이야기보따리 한아름 머리에 이고
꽃바람 등에 업고 남녘으로 오십시오

맑고 선한 시선으로 세상을 바라보며
고단했던 어제의 일에 연연하지 않고
오늘을 아름답게 살 줄 아는 사람이여!

남쪽으로 달려가는 완행열차에 몸을 싣고
차창에 어린 봄날의 우수
손바닥으로 쓰윽쓰윽 지우며 어서 오십시오

행복이 찍힌 물방울무늬 원피스를 입고
꽃물결 출렁이는 봄의 역두驛頭로 나가
나, 그대를 나풀나풀 기다리고 있겠습니다

제비꽃

꿈과 이상이 교직 되는 계절
고요 속 바람 한 줄기
파생된 자전을 찾아
무거운 장막을 걷어 낸다

한 생을 가시로 박혀
삶을 찌르던 향기
풀리지 않은 혼돈으로
앞질러 달려만 갔던 애환

어둠 속에서 빛나는
갈등의 등불을 켠 채
굴절되어 굽혀진 등을 펴
저문 땅 별로 떠 있다

꽃잎 편지

하늘은 맑고 푸르러 한없이 깊습니다
그곳의 봄날은 어떠하신지요?

이곳은 그 해 봄 무성했던 꽃들
천지 사방에 숭얼숭얼 피워놓고
붉어져가는 꽃잎 같은 기억 들추며
누구를 마중하는 듯 고운 옷차림입니다

올봄 날도 한 철 내내 사랑에 잠겨
무시로 쏟아지는 꽃빛에 버무려진
당신을 느끼고 만나 마음을 건네면
따뜻한 눈물이 날 것 같습니다

해 부신 날에도
종잡을 수 없이 마음 어수선한 날에도
발끝을 세운 추억에 잠겨
함께했던 그 날을 생각하면
그만 행복해지고 말 것 같습니다

동백이 피거들랑

엄동설한 비바람 속에서도
견디어낸 인고의 꽃
어머니 세월 같은 동백 활짝 피거들랑

어머니 한 번만 다녀가심 안될까요?
꽃보다 진한 마음의 사랑 담아
그 동백 꺾어 가슴에 달아드리다

넓디넓은 저 하늘에 길이 없어도
철 따라 날아오는 바람의 홀씨 있으리니
깃털처럼 가벼운 몸 그 등 타고 오십시오

무시로 쏟아내어 받아버린 그 가슴에
어머니 순정 같은 꽃 한 송이 달고서
이제는 환한 봄날 향기 밟고 가시게

감사의 기도

주님!
우울한 내면이 힘겨워 추락하는
내 안의 모든 것들
함몰된 자리가 깊습니다

이제, 부재의 시간으로부터
존재의 삶으로 돌아와
빛의 차오름을 맞이하렵니다

영혼의 관문이신 당신을 통하여
제 생의 이미지가 아름다운
가치지향적인 사색에 물들게 하렵니다

봄 빛 따사로워 눈가에 이슬 젖게 하시오니
하늘빛보다 더 가슴이 시려도
살아있음을 감사하게 느끼렵니다

삶은 결코 평이하지 않으나
온 누리를 비추는 빛 속에

경이감이 가득한 것임을
당신 앞에서 노래하렵니다

주님!
제 안의 쉼표가 너무 길었습니다

냉이꽃 편지

들꽃들 저 혼자 피어 깊어가는 봄날
건조했던 가슴에 은밀히 건네 오는
길섶의 냉이꽃 향기에 취해
마음 흔들어대는 대책 없는 갈망
안부가 그립다고 발싸심을 합니다

천지사방 꽃불이 나서
온 산하 뜨겁기 그지없는데
우리 서로 만나 흐드러지게 취하여
전신에 번진 살굿빛 그리움
오지게 터트려 보지 않으시렵니까

눈부시게 푸르렀던 그 봄날의 비밀을
신바람 나게 발설하는 바람의 입 막으며
꽃그늘에 앉아 달달한 커피 한잔 나누며
도란도란 이야기꽃을 피우고 싶습니다

꽃은 저 홀로 피어

환한 꽃길 어디선가
기억의 꽃술을 열며 바라보고 있을
그 시선의 끝을 따라가며

눈물로도 나눌 수 없는
마음 저편 그리움 하나
고요히 깃드는 일 아름답다

누군가 저벅저벅 올 것만 같은
둥근 문고리 잡아당기며
얼굴을 내밀 것 같은 부질없는 예감

마냥 기울어도 좋을 물목物目의 향연
긴 기다림의 꽃 터널 아찔해도 좋으련만

낭창낭창 허리 꺾이며
흐득흐득 흩날리는 꽃잎들
서로에게 닿지 못할 그 그늘이 크다

선운사 동백

비켜가던 바람도 가슴에 안기는 봄날
속모를 그리움에 가슴 조이신다면
선운사 뒷 숲에 핀 동백꽃을 가서 보십시오
그 맑았던 웃음 하나 기다리고 있더이다

수많았던 옥죄임 속에서도
그 한 커플 걷어내지 못한 사랑
꽃잎 한 장 허투루 날리지 않고
눈시울 붉게 붉게 피어 있더이다

속으로 속으로만 울 수밖에 없어
서럽게 피어놓은 속마음
알릴 겨를도 없이 후득후득 떨어지는
속 깊은 사랑이 거기 있더이다

4월에는

담장에 기대인 목련의 성근 가지에도 꽃이 피고
아득히 멀게만 느껴졌던 그리운 소식들도
한꺼번에 들려올 것 같습니다

이젠 묵은 잡초를 뽑아내고 꽃씨를 뿌려
정성껏 땅을 가꿔 꽃을 피워야 하겠습니다
외면했던 마음을 거두고 포근한 무릎을 내민
인연으로 시작하는 사람들과

다시는 끝날 것 같지 않은 설렘으로
사랑을 나눌 수 있는
희망의 밭을 기름지게 일궈야 하겠습니다

4월의 하늘은 친절하고 햇살은 상냥합니다

툭 툭

바삭거리던 마른 가지에
살며시 돋는 연두색 잎은
차오르는 환희로움으로 가슴을 뛰게 합니다

삭아 내려진 담장아래
햇빛보다 더 밝은 희망으로
고개를 내미는 새싹들의 얼굴은
또한 마음을 경건하게 합니다

절망을 두려워하지 않는 풀꽃들이
옹기종기 모여 사랑의 밭에
풀잎의 이름으로 시를 쓰는 날

세상 것들은 다 녹슬었다고 항거하고
살맛이 없다고 투덜거렸던
밋밋한 바람의 인연들
가슴 쓸어내리며 쑥내음 풍기는
벌판을 빙빙 도는데
혼자 핀 살구나무 꽃향기가 그윽합니다

봄 꽃나무 꽃망울 톡톡 터트리듯
내 마음속 깊은 멍울도 툭 툭
봄꽃보다 더 환하게 터졌으면 좋겠습니다
깊어져서 더욱 푸른 그 환한 그리움도
비틀거리며 자라는 이 몹쓸 외로움도
툭.
툭.

그대의 쓸쓸함은 안녕하십니까?

제 울음 삼키며 뚝 뚝 떨어지는
봄날의 동백꽃 쳐다보며
내 생각 한 번이나 하신 적 있습니까?

아파도 활짝 웃으며
추위에 흔들리는 봄꽃들을 바라보고 있을
그 속을 한 번이나 헤아려 본 적 있습니까?

아쉬워 지고 있는 꽃들이 휘날리며
무슨 말을 하는 걸까
한 번이나 귀 기울인 적 있습니까?

초승달 같은 여린 아픔 토해내며
빈 가슴 가득 외로움에 지친
새벽이 오고 있습니다

공허로움 풀꽃처럼 흔들리고
물음표만 찍고 있는 그리움은
어느새 그댈 향해 달리는데

금빛 새 한 마리 하늘빛을 닦는 봄날
그대의 쓸쓸함은 안녕 하십니까?
한 번 묻고 싶습니다.

봄날의 안부

그리운 것들을 죄다 불러 모아
빛의 바닥에 눕혀 놓고
한 폭의 수채화를 그립니다

한정限定 없는 미련 한 덩이
추억이 꽃피는 화원에서
시린 가슴을 데우며
너울너울 춤을 춥니다

우리가 꽃이었다면
우리가 바람이었다면
서로의 안부가
궁금하지도 않았을 것을

붉은 꽃잎 한 장에다
그리움으로 씁니다
대책 없는 이 봄날을
그대는 어떻게 보내시는지…

봄비 지나간 자리

그 뉘도 침범할 수 없는 침묵의 늪에
고요를 뚫고 그대는 내게로 와
마른 가슴을 적십니다

바람처럼 번지는 고요한 함성
곤곤했던 자리마다 꽃씨를 묻으며
희망찬 詩 한 구절 펼쳐 놓습니다

하늘하늘 피어나는 안갯속
먼 길 돌아와 손사래 치며
그대 지나간 자리 온갖 안부 무성합니다

연둣빛 단상短想

꽃바람 발자국 딛고 일어서는 연둣빛 꿈
옥죄는 굴레에서 벗어나
지금은 행복해질 때라고 고개를 내밉니다

달달한 햇살 온천지 고운 빛을 풀어놓으니
시냇물 졸졸졸 콧노래를 부릅니다
들녘은 일어나 신명 난 춤을 춥니다

벽을 허문 몸짓들 어두움 지워내며
자유를 얻은 기쁨 마음껏 펼치는
희망의 꿈 하늘에 가 닿습니다

꿈꾸는 보리밭엔 소식 없던 소식들이
말없이 건너와 안부를 묻습니다
봄비를 맞고 키가 큰 햇것들은
사랑가 한 소절을 목청껏 뽑습니다.

제 2 부

숲에 드니

오월에는

초록이 빛나는 숲으로 들어가
맘속까지 푸른 물이 들은
달콤한 사랑의 노래를 부르리라

달달하게 익은 햇살
고물고물 앉아있는
그리운 기척 찾아 옛 향기 깔아 놓고

오랫동안 가두어 놓아 저민 가슴에
굴절이 되어버린 추억 꺼내
곱게 곱게 펴가며

긴 터널을 빠져나온
아름다운 사랑과 손을 잡고
사뿐사뿐 춤을 추리라

바람처럼 자유로운 시간 속에서
생의 한 복판을 지나갔던 화려함을 만나
떨림을 멈추지 못한 불새처럼.

어느 봄날

아이처럼 순수하고 맑은 웃음
길게 늘어뜨려 놓은 온갖 꽃들은
한 줌 아지랑이 손에 쥐고 앉아
시간의 경계를 허물고 있다

누리에 만판 흐드러진
세상 이야기 에워싼 향기 속
전율처럼 온몸에 퍼지는
귀퉁배기 땅 찾아온 부질없는 그리움 하나

만발한 꽃무리 사이 은빛 햇살은
격정을 진정시키려는 듯
깊어진 포용과 넉넉한 사랑으로
가슴 뭉클한 풍경 토닥이고 있다

숲의 테마 · 1
- 3월의 숲

적막했던 숲에는 새들이 날아들고
주저앉아 일어날 줄 모르는 낡은 시간
밀어내는 바람소리 청아 합니다

기다리지 않아도 계절은
제 때를 알고 어김없이 찾아와
어쩌다 식어버린 마음 아슴아슴 적십니다

산다는 것은 무엇일까?
스스로를 결박한 결빙된 물음
소매 끝을 물들입니다

먹먹하게 마음 두드리는 물음표 하나
추상抽象의 망토 속에서
바람꽃처럼 떨고 있는데

갈참나무 하나 둘 움을 틔우는
가지에 앉아 반짝이는 햇살
참으로 온화합니다

숲의 테마 · 2
- 4월의 숲

한사코 부질없는 욕심 밀어내는 숲 속
해를 닮은 웃음소리 바람으로 일렁이고
꽃을 건네는 마음 꽃구름으로 피어오릅니다

조롱조롱 달려있는 새싹들의 기쁨
떠다니는 아지랑이 붙잡고
춤을 추며 푸른 꿈을 꾸는 숲

그늘진 비련의 송가도 이젠 그만
수척한 그림자도 이젠 거두리라
지금은 사랑의 왈츠를 춰야 할 때

신열에 들뜬 나무들 방긋 눈을 뜨는 숲
이젠 그 뉘도 슬프지 않도록
그대로 저물어도 좋겠습니다

숲의 테마・3
- 5월의 숲

맑은 마음을 가진 꽃의 향기로
단장을 한 5월의 태양은
흐르는 시냇물도 빛이 나게 합니다

햇살은 한없이 부드러워
꽃들은 활짝 웃음 웃고
새들은 맘껏 하늘을 나니
이따금 불어오는 바람도 따뜻합니다

먼 빛으로 아른거리는 고요의 숲
평화를 심고자 가슴 쓸어내리며
초록의 불씨를 지핍니다

유순한 마음끼리 모여서 도란거리는
오월의 초원은 눈부시게 향기로워
풀꽃들 달콤한 사랑의 꿈을 꿉니다.

숲의 테마 · 4
- 6월의 숲

빛의 알갱이 깊숙이 내려앉아
초록빛이 흠뻑 든 나무들의 수런거림
갈피갈피 뭉그러진 그리움 퍼 올리며
바람 속 영혼처럼 구원을 갈망합니다

자욱한 안타까움으로
절레절레 따라오는 잔상
물감 풀어 푸르게 색칠한 듯
행복했던 순간 한 자락씩 엮습니다

불현듯 밝아진 심장의 불꽃
빳빳한 가슴 어루만지며
마음 기슭을 태운 사랑의 연가
목청껏 지줄거립니다.

숲의 테마 · 5
- 7월의 숲

울창한 칠월의 숲 녹색의 울림도 고요합니다
흔들림을 멈춘 풀꽃들의 향기도 고요합니다
숲속을 찾아온 햇살도
낮게 엎드린 채 고요합니다

가끔은 이런 고요를 만나고 싶어 여름 숲에 오면
나뭇잎 부딪치는 풋풋한 소리도 계곡의 물소리도
굽이쳤던 마음의 물결도
숨을 죽인 채 고요해집니다

마음 얼룩무늬 선명해지며
그동안 볼 수 없었던 나를 만날 수 있습니다
깊게 가라앉았던 생각들도 만날 수 있습니다

깊어져서 더욱 아름다운 고독을 만날 수 있어
가슴 빛나게 하는 청량제 같은
고요한 칠월의 숲이 참 좋습니다.

숲의 테마 · 6
- 8월의 숲

명치끝 찔러오는 이야기
아무런 편견 없이 들어주며
온몸으로 바람을 일으키며
그늘을 만들어 주는 숲이 제게 이릅니다

뜨거워야 미치고
미쳐야 제 것이 된다고
뼈를 익히는 담금질 속에서도
진정 의연하라 이릅니다

세상에서 제일 무서운 일이
자기 자신을 들여다보는 것이라며
한사코 빛을 안으로 거두어
겸손하게 초연해져라 이릅니다

저항으로 가득 찬 탁류 같은 마음
순리에 순종함은 아름다움이라고
초록 물감 뒤집어쓴 숲은 일렁일렁
제 스스로 자신을 신뢰하라 이릅니다

6월에는

통통 살이 오른 비상의 꿈을 향해 깃을 세우며
소리 없이 날아가는 새 한 마리
초여름 창을 열어 놓습니다

그대 누구를 힘들게 한 적 있었다면
편안한 옷을 입고 저벅저벅 숲으로 걸어가
악수를 청하십시오

뜨거운 맥박을 식히며
쥐똥나무 푸른 꿈을 꾸는 듯
초원을 도닥거리는 소리 들리지 않습니까

놓치면 안 되었던 안타까운 순간들이
나무 등걸에 꽂혀
푸른 열매를 키우고 있습니다

푸름으로 치장한 숲 길에
꽃을 피운 여름꽃 향기
하얗게 번지는 6월에는

바람의 그리움을 따라 걷고 싶습니다

미로처럼 어지러워
몽롱했던 아픔 부풀어 오를 즈음
우렁우렁 서있는
나무 그늘에 앉아 쉬고 싶습니다

화평의 숲에서는
지울 수 없는 것도 없고
용서 못할 것도 없을 것 같습니다

봄비가 오면

날개에 돋친
푸른 꿈 펼치고 싶어
동박새 한 마리 푸드덕 하늘을 난다

은빛 날개 달고
바람처럼 날아와 이름 없는 자리에
둥지를 튼 키 작은 꽃들

아프게 부어오른 그리움의 꽃망울
올망졸망 터트리며
들떠있는 속내를 드러내고

한 웅큼씩 허물어진
토담 위로 내리는 빗방울
낡은 기억의 그림자를 지워내면

숨이 막힐 것 같았던 어둠 속
살아있어 꿈틀거렸던 생명들
일제히 일어나 꿈의 향연을 벌린다.

여름날 숲에 드니

내 영혼의 춤사위
언제 한번 저토록 푸른 적 있었던가?
온 숲을 스치는 바람 건들면 굴러 떨어질
허수한 마음을 흔든다

질박한 이름이 정스러운
쥐똥나무 아래 핀 원추리 꽃 같은 사람
골을 메운 안갯속
꿈꾸듯 서 있는 신기루 같은 사람

가없는 초록의 길 열어놓고
숨은 듯 살고 있는
얼룩진 그림자를 부르고 있다

수목원 담쟁이처럼

가슴 활짝 열어
온갖 푸르름 다 드러내 주는 초원
넉넉함의 향기 충만하다

마음도 한없이 푸르러 맑아지니
바람에 실려 온 여유로움도
싱그럽기 그지없다

바람벽을 타고 오르는 담쟁이넝쿨
서두르지 않는 여유로움으로
반환점을 돌 듯

가슴 가득 차오르는
눈부신 출렁거림으로
움켜진 손을 펴 거듭나는 연습을 한다

무궁화꽃이 피었습니다

풍파에 맞서지 말고 한 발짝 뒤로 물러
인내를 속으로 키우라시던 어머니 말씀
술래잡기하다가 한순간 놓쳐버리고
허공 속 맴을 도는 조바심만 잡았습니다

바닥을 쿵쿵 올리며 숨이 차게 찾아도
몰래몰래 꼭꼭 숨어버린 그 안위安危
머리카락 보이지 않는 삶의 숨바꼭질
마냥 헛곳만 찾아나서는
언제나 고독한 술래입니다

어머니!
가슴에 구멍 숭숭 뚫린 채
또 그렇게 맞이하고 보내야 할 것 같은
무궁화 꽃이 피었습니다.
올해도 어김없이...

찔레꽃이 필 때면

산발치 그늘진 모퉁이
찔레꽃 흐드러지게 피면
한숨 서린 슬픔
저 밑바닥에서 올라온다

만나지도 헤어지지도 못했던
그 야윈 시간 속
슬픔을 가르며 부르는 소리 있어
내 오랜 그리움 파동을 친다

해마다 찔레꽃이 피면
뽑히지 않는 가시 하나
해일처럼 일어 서
하얗게 새하얗게 가슴 속을 찌른다

七月의 그루터기

목이 타는 가뭄과 지루한 장마가 함께해도
무성하기 그지없는 초록빛깔 녹음 속
스치는 바람 소리 참으로 청아합니다

칠월의 햇발은 자아의 참된 깊이를 노래하고
삶이 주는 오만과 고뇌를 토해내며
달콤한 꿈을 꾸는 듯 참으로 뜨겁습니다

짙푸른 칠월의 그루터기
키가 큰 해바라기도 키 작은 채송화도
풀벌레 불협화음도 참으로 정겹습니다

겸손한 향기로 익어가는 열매들 살이 오르고
더 이상 바라는 것은 욕심이라며
고개 숙인 포도송이 참으로 탐스럽습니다

넉넉한 사랑으로 서로를 아끼고 배려하며
마음과 마음끼리 서로를 어루만져주는
사랑이 익어가는 칠월은 참으로 아름답습니다.

바람의 언덕에서

친구야!

노고지리 파도를 타듯
하늘을 높이 나는 신록이 짙은 여름이 오면
낯을 씻고 환호하는 푸른 밭머리에서
속에서만 꿈뜰거렸던 이야기를 꺼내보자

산자락 군데군데 외로 핀 하얀 감자 꽃
어머니 향기처럼 은은하기 그지없고
눈부신 그리움으로 생성하는 빛들은
회억의 산마루에 앉아 사랑을 빚는구나

살아온 그 어느 날보다 순수해서 아름다웠던
푸른 꿈 영글었던 그 자리
바람까지 퍼렇게 일어서는 바람의 언덕에서
서럽게 서럽게 울다 우리 껄껄껄 웃어보자.

해바라기 연가

아름다움을 사모한 죄로 묶인 운명
한 곳만 바라보았던 소박한 꿈
설익은 것들로
하루를 비껴간 시간 속에서
시름시름 야위어 간다

누군가를 그리며
멀리 있는 것들을 기다리는 일
얼마큼 가슴앓이를 하듯
뜨거운 눈물로 삭여야 이룰 수 있을까

홀로 타들어가는
형벌처럼 이글거리는 정념
다가갈 수 없는 거리만큼
촘촘히 박힌 언어들 까맣게 익어간다.

여름 밤바다

깊숙한 어둠의 중심에서 환하게 잠긴 고립
지독하게 밀도는 파문波紋
가슴에 걸린 따뜻한 환영幻影은 아득한 바다

추억의 노디 건너온 소식 끊임없이 여울지고
껴안기 위한 자맥질 반쯤 기울어도
혼미한 향기로 거듭난 포말의 꽃

못다한 미련들이 쌓이는 바다
마음에 두고도 달려가지 못했던 긴 그리움
스스로 행복하고파 남루한 마음 갱신하며

쇠락한 흔적 위 풍경이 되는 수평선
팽팽한 줄다리기를 하며 몸살을 앓고 있다

8월의 詩

하늘을 가득 채운 나뭇잎들
수런수런 비에 젖은 물기를 털어내며
장맛비 개인 아침을 분주하게 엽니다

찬란한 햇살 온 누리에 퍼져 오르니
하늘은 맑고 신록은 더욱 깊고 푸르러
한가득 들어찬 여름빛 참으로 뜨겁습니다

청아하게 지저귀는 새 들의 염원
오늘도 행복하기를
내일도 그러하기를 바라는
높은 음계의 소리 온 숲을 꽉 채웁니다

샘솟는 새로운 기운과 희망으로
자국마다 여물어지고 깊어져라
꿈꾸는 듯 희망의 불을 지핍니다

바람 끝 잘려나간 권태가
얼룩진 화장을 고치니
헹궈낸 듯 눈부신 팔월은 마냥 푸릅니다

여름 끝자락

하늘 끝까지 넘쳤던 초록의 함성도
어느 듯 소금기가 빠진 듯 신명을 잃고
갈대 끝에 앉아 사색에 잠긴 고추잠자리
눈시울이 붉습니다

열대야의 불면에 갇혀
마냥 흐트러져 난무했던 마음
들끓어 무성했던 온몸의 소란함도
이제는 모두 거둬들여 추슬러야 하겠습니다

사막을 건너온 신기루 같은 바람 뒤편
하늘 맑게 물들인 채 기꺼이 자리를 내어준
뜨거운 여름 끝자락
삐뚜름히 서산마루에 걸쳐 있습니다

제3부 가을 칸타타

9월에는

바람의 영혼을 닮은 파도 소리에 귀 기울이며
음악처럼 감겨오는 감미로움에
영혼을 적시고 싶습니다

속절없이 마냥 부풀어 갔던
지난날의 깊은 번뇌도 바람 위에 얹어 놓고
코스모스 길을 따라 마냥 걷고 싶습니다

능금이 익어가고 풋감의 살이 차오르듯
마음속에서 커가는 생각의 열매
평화롭고 겸손하게 익히고 싶습니다

못다 부른 노래 한 소절 콧노래로 부르며
목화솜 같은 구름을 따라
그리움이 있는 곳으로 떠나고 싶습니다.

강변길 실루엣

꼭두새벽 창문을 여는 짧은 빛
울림의 파장이 큰 가을이
산들산들 가락을 타고 온다

그리움으로 생성이 되는
마른 꽃 같은 인연이 시작되는
가을의 길목 보고픔 깊어져 온다

추억의 기둥 친친 감고
사람과 사람 사이로
가을이란 팻말 목에 걸고
한 발짝 더 가까이 다가온다

끊긴 듯 이어진 사이의 행간
때늦은 대답을 안고
솟구친 바람의 부력으로
속속들이 젖은 채 강변길 걸어서 온다

올 가을에는

찬바람 싸늘하게 가슴을 파고들어
마음이 왠지 스산해져도 슬퍼하지 말자

텅 빈 들녘에 홀로 남은 허수아비처럼
마냥 허허로워도 남루하게 울지 말자

차마 물들지 못한 가을 잎 하나
가뭇없이 떨어질지라도 아파하지 말자

밤새 잠들지 못해 출렁이는 억새
침묵이 깊어져도 외로워하지 말자

살다 보니 모든 것이 그냥 그냥 그렇게
다 지나가 버렸다고 허망해하지 말자

그 하나 아무것도 소유하지 못하고
남겨진 건 오직 허무함뿐일지라도

그 옛날 그 자리에 서서 그때 그 시절
추억하고 기억하는 것만으로 행복하자

가을 초상肖像

초록 꿈을 버무려 수묵화로 누운 산
하늘을 이고 선 나무들은 마지막
한 소절 남은 연가를 부르고 있습니다

푸르게도 강생 했던 여름날의 뜨거운 사랑
아직도 식지 않은 온기의 촉수는
잎 새 위에서 한껏 키를 키우며
고달픔은 고독한 자의 몫만이 아니었다고
탁류 같은 마음속을 물들입니다

지나가는 것은 추억이 아니라
가슴 물들이는 사랑이라 되뇌며
낙엽처럼 가벼워진 걸음
벽을 넘어 자유를 찾아
은자隱者처럼 길을 나섭니다

그리움 하나

바람에 스치는 마음
야위어만 가는데
길이 없어도 만나지는 사람

문득, 뒤돌아보니
너무 멀리 와 있는 것을

고개 들어 하늘을 보니
안부가 그리워진다

가을 칸타타

저물어 스산한 벌판
거리엔 한 켜씩 가을이 익어가고

단풍잎 한 장 타서 마시는 커피 잔에
먼 산 같은 사람 무심을 두드립니다

기다리지 않아도 계절은
그렇게 찾아와서 세레나데를 부릅니다

마음 가득 사랑을 품고도
우리가 서로 멀어 아득한 날

바람이 불러주는 노래 한 소절
슬프지 않아도 눈물이 납니다.

눈부시게 타고 있는

그대여!

켜로 쌓은 사연들 이곳저곳 널브러져
그리워하는 마음 눈부시게 타고 있는
가을 숲으로 오지 않으련

가시덤불 속에서도 활짝 웃는 저 산국을 좀 봐
낙엽송 사이로 비치는 햇살 저리 평온하잖아
서리를 껴입은 근심의 속살까지 눈부시잖니

푸르게 일어서는 바람 소리 들으며
한 뼘 열린 하늘빛 아슴아슴 젖어오는
주머니 속 그리움 환하게 꺼내보지 않으련

다시 가을애愛

헤어짐 뒤에 오는 아쉬움이 커서
소유의 욕망으로 더욱 깊어졌던
그 가을의 햇살 다시 또 눈부십니다

환희로 젖었던 그 해 가을날의 꽃 잎
지나간 빛과 그림자를 추억하는
화려한 꿈에 젖습니다

가까이 있음을 견디지 못하고
멀어져 감을 두려워했던 바람은
가슴의 말을 꺼내 놓으며 얼굴 붉힙니다

잊어서는 안 될 기억을 찾아
그리움의 하루가 깊어만 가는 잎새
오만했던 벽을 깨며 붉어진 가슴을 여밉니다.

가을을 타는 여자

만삭된 그리움이 부풀은 가을날은
마음도 수숫대처럼 헛바람을 일으킨다
한 발짝 내딛을 때마다 밟히는
보고픈 얼굴

가득 채워져도 빈 것 같은 허전함
치마를 감아 맴도는 바람에도
마음을 벤다

색 바랜 나뭇잎에 시를 쓰며
한밤 잠 못 들고 뒤척이는 건
붉은 물 뚝 뚝 떨어지는 가을 때문이다.

길 위에서

흐르는 눈물 얼음처럼 차갑게
얼어붙은 갈대숲에 깃들어
아무것도 소유할 수 없어
하염없이 흔들리고 있는 나를 보았다

너의 삶 전부가 나였고
내 삶의 전부가 너였던
믿음이 스러진 자리에 서서 허수아비처럼
남루하게 울고 있는 나를 보았다

껍데기만 남은 그믐달처럼
뭇 서리 하얗게 내린 산길에 들어
온몸에 두른 냉기와 어혈을 풀고 있는
미련한 나를 보았다

로맨스romance

바람소리에 귀를 세워놓고
기다림으로 흔들리는
꽃의 영혼이 아프다

지나온 먼 길
비워진 그 빈자리 자리마다
달무리처럼 번지는 떨림

오랜 날 그리던 추억의 한 페이지
외로움에 젖어 뜬금없이 울고 싶다고
가시를 삼킨 것처럼 껄껄거린다

물기 모두 쏟아낸 가을의 우듬지
눕히지 못할 통증의 떼창 소리
꽃의 노래가 아프다.

당신의 가을은 어떠신지요?

슬프지 않아도 눈시울 시큰거리는
들끓어 부푼 단풍의 눈부심에
온 마음 모두를 맡깁니다

아름다운 저 가을빛 어딘가에
당신의 따사로운 눈빛 있겠다 생각하니
소진한 회양回陽 더욱 아름답습니다

어디선가 발자국 소리 들리는 것 같아
자꾸만 뒤를 돌아보는
무성했던 마음에 단풍물이 듭니다

뒷모습까지 붉게 물든 가을이 참 멋집니다
누군가를 그리워하며 꿈을 꾸는 일
마음으로 기쁘고 참으로 행복합니다

당신의 가을은 어떠신지요?
흩날리는 단풍잎에 저의 안부를 보냅니다
꿈꾸는 당신의 가을도 행복하기를 바라며

차茶 한 잔 주문합니다

여기 가을차茶 한 잔 주세요
진한 사랑을 담아서 탄
달콤한 차茶 한 잔 마시고 싶어 왔습니다

슬퍼서 아팠던 눈물이 버무려져
상처가 깊어 아픔이 짙었던
그리움을 마시고 싶습니다

혀끝을 부드럽게 애무하는
숲속의 향이 가득 배어 갈색향이 짙은
갈잎차가 좋겠습니다

쓸쓸한 낙엽향이 우려진
맑고 청명한 하늘향이 우려진
서녘의 붉은 노을향이 우려진

색깔과 향이 고운 차茶 한 잔 주문합니다.

10월은

아름다운 이별의 짧은 별
등을 돌리고 가는 것들의 눈물
마음으로 그윽하고 침묵으로 깊어진다

마른 풀의 향기 능금이 익는 내음
못다 한 말 못다 한 노래 한 뼘씩 높아가고
그리움이 앞장서는 가을 하늘은 맑다

마음 가릴 수 없는 무상
가슴 밑바닥까지 스며오는 고독
모두가 저물어 가는 과정이라고

한눈도 팔지 말고 뒤도 돌아보지 말라는
고요 속 바람의 말에 귀 기울이며
산지사방散之四方 떠돌던 굽은 등을 편다

고요 속에서

돌아갈 자리가 없는 떠돌이 그리움은
연무에 갇혀 꿈을 꾸는 듯
햇볕의 변방에서 흐느적거린다

높고 맑은 하늘 가장자리에
나설 곳 없는 마음 한 자락 살며시 뉘어보면
찬바람에 울렁거리는 마음 진정이 될까

추억의 문 열어놓고 아무런 망설임 없이
알아들을 수 없는 방언 터트리는
저 가슴 속 깊은 언어 잠재울 수 있을까

낡은 벤치에 다소곳이 떨어져 있던 붉은 낙엽
눈부시게 시린 가을 햇살 속에서
바람에 뒤척거리다 뒤척거리다 회오리를 돈다

소야곡小夜曲

멈출 수 없는 기다림 때문일까
먹 밤 같은 적요 속에서도
편안해질 수 없는 마음 안타깝다

펼치지도 못하고
접어버렸던 인연의 한 토막도
미련이 되는 것인지

꿈에 부풀었던 그날의 삽화처럼
아직도 나를 꿈꾸게 하는 기억 위로
비 묻은 바람 한 점 스쳐 지나간다

시간이 바래진 나무엔 그리움 잠방대고
회억을 건너보는 먼발치 그리움 젖어
슬픔처럼 떨어지는 낙엽 하프 소리를 낸다

슬픈 연가

소슬바람 붙잡고
마냥 흔들리는 출처 없는 외로움
뜬금없이 울컥거리자

먹먹한 감정은 가만히 귀를 열어
파란 기억 깨물고 있는
먼발치 그리움을 깨웁니다

부르르 전율하며 떠난 것들의 아픔
나이 먹은 상처들이 납작 엎드린 채
물풀 같은 파동을 일으킵니다

아! 가을.
바람은 차갑고 안개비 흩날리는데
뉘라서 눈물 나지 않겠습니까

가을이 깊어지면

그 어떤 변화도 원치 않았던 가슴
깊게 골이 파일쯤이면
파장 같은 그리움을 껴안는다

어디론가 떠나고 싶은 발걸음
낯선 풍경 속에서 눈물 깊은 마음자리를 열고
스스로 붉어져 버린 아름다운 죄
어떻게 위로할 줄 몰라 바라다본
하늘 넓고 깊다

아직도 끝나지 않은
그리움의 신발을 신고 인내하였던
기다림의 끝을 향해 떠나볼까

작은 이야기로 엮어진 지난날의 추억
쇠잔하게 들려오는 강가에서 한껏 몸을 낮춘
그리움과 기다림이 손을 잡으면
서로가 서로를 얼마나 기뻐할는지.

미시령 고개

산과 길은 구불구불 이어지고
구름은 숨차게 성큼성큼 따라 오는데
낙엽 하나 차창에 찰싹 달라붙어
물큰한 연민이 된다

자동차는 천식을 앓는 것처럼 그렁거리는데
통증도 무르익으면
저토록 환하게 슬퍼질 수 있을까

아름다운 빛을 걷어 올려
붉디붉은 물결을 이루는 풍경은
뒤척거리는 가을볕에 향기를 데우고

능선 타고 피어나는 화사함은
엎드려 길을 내고 있다.

늦가을 찬비

약속한 적 없었지만 기다림을 찾아왔습니까
그리움이라 부를 수 있는 추억을 찾아왔습니까
공허한 마음자리 보듬어 주고 싶어 찾아왔습니까

그리움에 젖어 기다리는 마음
사랑이라 믿고 찾아왔습니까
가슴에 고인 말 차마 못 한
그 고백 듣고 싶어 찾아왔습니까

모두가 지나간 자리 찬 서리 내리면
마른 등뼈에 붙은 살 시릴까 봐
눈 못 뜨게 부시던 가을을 건너
이렇듯 찾아왔습니까

온몸 가득 단풍 물을 들인 채...

제4부
그대 아는가

간이역

가을날의 짧은 태양
날이 선 외로움 철로 변에 깔아놓고
물음표 같은 기적소리 드문드문 찍는다

뼛속까지 외로움을 나르는 가을빛
까슬까슬한 나뭇잎새 어루만지며
떠나는 사람들에게 노선표를 그려준다

코트깃 속에 쉬고픈 외로움
취한 듯 깊어만 가니
왕벚나무 붉은 잎도 뚝 뚝 떨어진다

바람처럼 살고 싶은 영혼
기다림은 사랑보다 더 깊고 아파
고픔에 허기진 외로움의 열차를 탄다

창문에 얼굴을 대고
열차 바퀴에 묻혀 가는 외로움
철커덕 거리며 질풍같이 떠나간다.

11월에는

가슴 두근거리는 일 접고 이별의 때를 알아
스스로 길 떠나는 모습
저토록 아름다운 것일까

햇살을 품으면 가슴이 뛰었고
바람을 만나면 춤을 추고 싶어
가슴에 꽃물 환하게 들었던 날들이
땅으로 땅으로 떨어지고 있다

바람에 흩날리는 눈물에도
향기가 묻어나는 것일까
부질없는 욕심 밀어내고
속 깊은 지병持病
정성껏 익힌 잎 새에서 향기가 난다

그늘진 산을 넘은 비련의 멜로디
진실을 거부하지 않는 마음으로
고독의 단추를 채운다

이제 순백의 고백을 준비해야 할 것 같다.

어디로 갈까

도태되지 못한 잎새 몇 잎 달고
서 있는 겨울나무 아래
길을 잃어버린 마음
걸음을 멈추고 서 있습니다

모두가 떠나간 자리
눈물 젖은 쓸쓸함이 너무 아파
차마 돌아서지 못하는 겨울나무처럼
찬바람 머리에 이고 찬 서리 몸에 두른 채
그 자리 우뚝 서 있습니다

불끈 쥔 주먹 사이로 빠져나간 모래알처럼
화려함의 시간이 떠나간 자리
말라빠진 열매는 풍금소리를 내는데

어디로 가야 할지
길 잃은 철새처럼 갈 곳을 몰라
마냥 하늘만 응시하고 서 있습니다

어느새 해는 뉘엿뉘엿
서산마루에 얼굴을 묻은 채
산등성을 넘어가고 있는데...

겨울 소나타

허공 맴도는 마음 한 자락
시린 그림자 드리우자

부서져 버리고 싶은 가슴 안에
불쑥 들어와 똬리를 트는 외로움

늑골이 젖도록 나부끼는 무언의 추억은
창백한 메아리로 돌아올 뿐

절망처럼 아슴아슴 그립다
사랑이 아니어도 가슴에 품고 싶다

하늘 부늬 그리며
눈부신 아픔으로 차올랐다가
무수히 흩어지는 발자국들

소리를 잃어버린 바람처럼
삶의 음표를 물레질한다.

하얀 상념想念

사랑했던 날들의 추억
자꾸만 희미하게 사라져 간다
세상은 그대로인데 모든 것이 변한 것처럼
저 홀로 서운함이 깊어져 간다

한 겨울 볕살이 별꽃으로 피는 날
겨울 햇살을 품은 자작나무
회색빛 하늘에 눈물 섞인 글을 쓰며

내 생애 가장 푸르렀던 날
잊혀져가는 날들을 만나고파
지나간 행간을 뒤적이며
아름답고 무성했던 기억을 끄집어낸다

먼 바다에서 건져 올린 하루 챙겨 거두며
마음은 한없이 다가가고 있지만
한 걸음도 떼지 못하는 그리움 하나
꿈꾸는 자의 고독처럼 아름답다

묵시록 한 페이지

조금 더 넓어지기 위한 비움의 시간 속에서
아득한 공간을 밟고 가는 쓸쓸함
더는 다가설 수도 물러설 수도 없는
계절의 끝자락에서 마냥 침몰해 가는 나의 저녁

침묵으로 꽁꽁 묶여 눈물로도 건널 수 없어
당신께 엎드려 있는 등 시린 아픔
길 끝에 이르러서야 더 이상의 슬픔은
욕심이라는 말씀 호되게 듣습니다

함께 할 수는 있어도 오롯이 하나가 될 수 없어
마음 가득 사랑을 품고도 홀로 가는 길
사뭇 쌓인 긍정이란 이름으로 몸을 풉니다

어깨 위 촉촉이 내리는 안개 같은 평화 속에서
외로움도 행복이라고 억지를 쓰는 가슴
두 손을 모아 쓸어내립니다.

차가운 연가

흰 눈이 하염없이 흩날리는 날이면
발목까지 적시는 마른 추억
허리 꺾인 다툼으로 얼룩진 외로운 소리 모아
적막 속에 고요히 누워
하늘빛 부여잡고 숨 고르기를 한다

찬란하게 무너진 허무의 꿈
바닥까지 주름 접힌 어둠의 휘장
한 겹 한 겹 걷어내며
푸른 기억 튕겨 내는 슬픈 울음
대롱대롱 매달아 놓은 채

각설탕처럼 굳어버린 인연
격정을 인내한 기억의 틈에서
어설퍼서 흔들렸던 속엣것들은 털어낸다.

12월의 詩

파도처럼 철석거리며 지나 간 날들이
한 겹 두 겹 허물을 벗어던진 설목雪木처럼
겸허하게 서 있습니다

반성문을 수없이 썼던 일기장에는
물빛 같은 인연들과 소소하게 나눈 향기
숨죽인 채 엎드려 있습니다

보채는 외로움과 함께 허둥거리며
살아온 시간들 허기짐을 달래려는 듯
노을 속에 빛을 풀어놓습니다

하루하루를 아껴 쓰고 싶은 달
잠시 뒤를 돌아봅니다
거칠고 노둔한 삶이 눈물짓습니다.

설원雪原

도심 속 빌딩 귀퉁이 내리는 눈
훨훨 자유롭게 창공을 날고 싶어
흩날리는 눈발이 되었는지도 몰라

마음 깊은 곳에서 외치는 소리 있어
겨울나무 발목 얼어붙은 채 눈밭에 서서
귀를 기울이고 있는지도 몰라

눈보라에 몸을 맡긴 핏발 선 바람
온몸으로 부딪치며 피어난 꽃
그 반짝이는 설원이 좋아
마냥 머무르고 있는지도 몰라

인연의 줄 당겨 묶지 않아도
동화 같은 하얀 수레를 타고 와
촘촘히 덮어줄 따뜻한 그리움 하나
기다림 하고 있는지도 몰라

허물며, 허물어가며

몽환처럼 피어오른 안갯속으로
차가운 비가 내립니다

지난해 맺혔던 열매 인연의 끈 놓지 못해
아직도 비틀어진 그림자를 안고
흥건히 젖고 있습니다

낯설어진 거리만큼 무너졌던 고비마다
맥을 놓고 앉아있는 그 안쪽 깊은 고뇌
괜찮다, 괜찮다라며 숨을 죽입니다

비린 비명 같은 물컹한 통점
가슴에 이는 바람 소리
한계를 알 수 없는 그 끝을 부여잡고
한사코 그대에게로 향하고 있습니다.

그대 아는가

애써 아무렇지도 않은 척
헛웃음 짓는 쓸쓸함 어느새 몸에 배어
일상이 되어버린 것을

창가에 걸터앉아 초록이 타버린 잿빛 가슴
짓눌린 자리마다 짚어주던 햇살
토닥이고 있는 것을

풀물이 든 지나간 시간 속
엉겨 붙은 기억의 편린들 밖으로 뛰쳐나와
고독한 시詩가 되어 흐르고 있는 것을

비 내리는 날엔

더욱 절절하게
수초水草를 끌어안고 도는 강물처럼
사랑했던 사람들이 생각난다

소리 없이 마음을 적시는
빗줄기 따라 사방의 벽을 허물며
어디론가 자유롭게 흘러 흘러가고 싶다

창 넓은 찻집에 앉아
기억이 키워온 메아리 같은 추억에 잠겨
묵은 팝송을 들으며
달콤한 커피 한 잔 마시고 싶다

어디서부터 오는 목마름일까
아무런 저항도 없이 흠뻑 젖은
창밖의 구부정한 저 낙목落木처럼
온몸으로 비를 맞고 싶다

슬픈 그리움

하루 해가 다하고
어둠이 내리는데
그대 어찌
바람의 숲에 깃들어
나를 부르는가

하필이면 우리는
사람으로 태어나
한 줄에 꿰어놓은
미련한 그리움에
서로 목을 메는가

막막한 나의 눈물을 뿌려
그대 위로할 수 있다면
우리 사랑 아픔이라 하지 않겠네

어둠을 삼킨 빛

시도 때도 없이 영혼을 갉아먹으며
깊은 삶에 끼어든 세월의 찌꺼기들

요란하게 꽃은 피었다가 절망처럼 지는
멀리 있는 미지의 세계
가슴 뻐근한 독행獨行의 여운

비틀거리며 되살아나는 죽은 영역은
사리 분별을 내 던진 채
부끄러움의 돌을 치우고
세상 밖으로 고개를 내밀었다

내가 내게로 돌아오는 가장 먼 길
무덤에서 무덤을 열고 흠뻑 비에 젖은
지독한 절정의 자아를 끌어올린다

나뭇가지 사이로 보이는 푸른 하늘
적막의 무게를 떨친 그 푸름의 여백
또 다른 세상 밖이다

별 하나가

가슴 적셨던 물빛의 인연
꾹꾹 눌러 담은 뭉클함으로
은하를 건너가는 밤

목이 칼칼하게
마음을 밟아가는 바람은 차가운데

어둠을 태워 만든 빛
그림자 길게 드리운 채
멀리서 반짝입니다

영혼을 꿰어 맨 눈물 젖은 추억
나이테 갉아먹는 어둠 속에서
오래도록 불을 밝힙니다.

아버지

아버지!
시 한 편 지으려고
한밤을 뜬눈으로 지새웠습니다

학창 시절 공부를 죽자, 살자
그렇게 열심히 하였더라면
육 남매 중 저 하나라도 장학생이 되어
아버지 등골 빠지게 하진 않았을 텐데

이제야 생각하니 정말
후회가 됩니다

아버지!
어젯밤부터 눈물 같은 비가 내립니다
참으로 죄송합니다

어머니의 강江

주섬주섬
정수리까지 감아올린
안개 같은 상념이 너풀거린다

호미 자루에
툭툭 튀던 허기
가슴 쩌엉 울리는
울음을 밟고
범람하듯 강이 되어 흐른다

머리에 제비꽃 꽂고
마음 길 여는 하얀 숨소리 따라
가늠할 수조차 없이
건너가는 의식의 마디들
물고기처럼 파닥거린다

붉은 장미

그토록 고왔던 사랑도
이별 후엔 눈물이 되고
가슴 후비는 가시가 되는 것을
어둠 딛고 일어서는
안개 같은 그리움 풀풀 날리며
아직도 끝나지 않은 간절한 소망 태우며
차마 끄지 못한 불씨 하나
허공을 붙잡고 살지라도
크게 나무라지 마십시오

푸석거린 심장을 밟고 이별의 숨결 쓰러진
오열의 길 갈 수밖에 없습니다
아무리 이슬에 목을 축여도
갈망은 언제나 불타는 목마름이었습니다
바람이 건드린 영혼은
깊은 아픔으로 이미 붉어졌습니다

유유히 떠오른 태양은 겹겹꽃잎마다
화인 같은 발자국을 찍고 있습니다

수없이 망설이고 주저하며
떠나보낸 것들을 위한 향기가 되라고

갈 길은 먼데

누군가 두고 간 슬픔
바람 끝 아프게 쏟아지는
엷은 햇살 속에
고요를 뒤집으며 파묻히고 있다

떠날 수밖에 없는 안타까움
무너지듯 주저앉은 가슴앓이
어디서부터 어긋난 마음길일까?

물음표를 지운
헐거워진 마음으로
서로에게 맑아지고 싶은
갈 길은 먼데 땅거미가 진다

사랑의 완성

나의 모든 것 희망과 슬픔 걱정까지도
품어주시는 당신은 내 삶의 의미였고
바람이었으며 눈물이었습니다

이미 지나간 과거나
아직 오지 않을 미래를 살지 않겠습니다
오직 지금 이 순간 당신을 사랑하겠습니다

당신을 받아들이는
제 마음이 평온해 질 수 있다면
부서지면서도 살 수 있기 때문입니다

조금씩 흔들리는 아름다움으로
날마다 사랑은 완성되어 갈 것입니다
완벽해지려고 애쓰지 않겠습니다

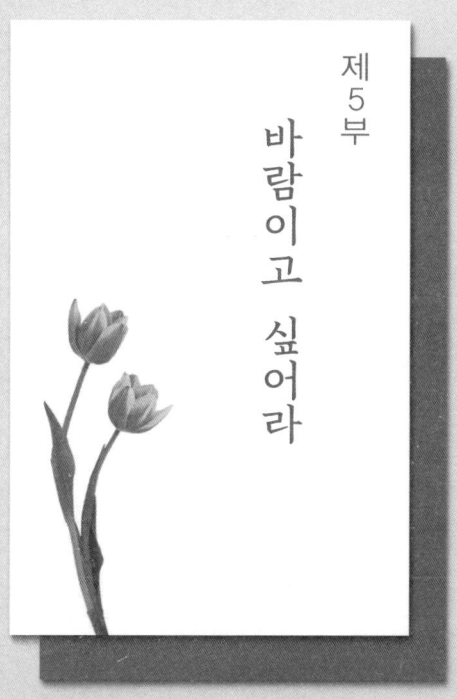

제5부
바람이고 싶어라

리턴

천둥 치는 역풍 받아들이기 싫어
낯선 풍경 속에서 붉게 우는 종소리처럼
마음은 언제나 허공을 맴돌았다

산다는 것은 사랑과 연민의 근본을
깨달아 가는 과정이었을까?
삶을 변주하듯 일어서는 음표들의 리턴

쓰디쓴 내 안의 어둠 거둬내고 싶다
어둠의 가면 이제는 벗어던지고
본연의 나에게로 돌아가고 싶다

사태 난 언덕바지 활짝 핀 꽃
봄을 싣고 들판을 거슬러오는 꽃향기
모든 죄와 허물을 덮도록

고독한 밤

소통되지 못한 고독한 독백
차마 꺼내지 못한 고백
날카로운 비수처럼 박혀
가슴을 헤집고 있습니다

구석진 곳까지 드러낼 수 있는
향기 찾아가는 무무無無한 시간
온 마음이 빛으로 밝아질 때야
비로소 바라볼 수 있는 저 하늘

원망하고
아파하고
기뻐하며

절실한 화살기도가 하늘에 박혀
얼어붙은 심장을 녹이며
밤하늘을 수놓습니다

밤새 비 내리고

감정을 빨아들이며
무섭게 커가는 붕괴의 구멍
심리적 마지노선마저 침몰되고 있습니다

앞이 캄캄할 때마다
가로막고 있는 장막을 치우는 일
당신을 향한 갈망의 기도입니다

마음 자락 일궈 토해낸
회개의 눈물 절규하듯
한 밤내 줄기차게
비가 내리고 있습니다.

응급실 풍경

사람들은 한결같이 아우성이다
겨울바람보다 더 거친 숨을 쉬며
통증을 호소하는 몸부림이 뒹군다

이름으로 불러지지 못하는
자신의 초라함도 잊은 채
가물거리는 기억 한 장을 토해내며
스러져가고 있다

아무런 잘못도 가릴 수 없는
아픔은 심장을 찌르며
마음과 육신을 분리시킨다

소리치며 달려도 틀 안에 갇힌 시간
차갑도록 냉정하고 낯선 얼굴이
나를 내려다보고 있다

나의 바다

깊숙한 어둠의 중심에서 환하게 잠긴 고립
지독하게 밑도는 파문波紋으로
가슴에 걸린 따뜻한 환영幻影은 아득한 바다

추억의 노디*를 건너온 소식 끊임없이 여울지고
추억하는 이야기 반쯤 기울어도
혼미한 향기로 거듭난 그리움 딛고
수줍은 포말은 꽃망울 환하게 터트린다

못다 한 미련들이 쌓이는 바다
마음을 건드리며 출렁이는 파도 소리는
나를 부르는 그대의 음성

마음에 두고도 달려가지 못했던 그리움
한 치 경계도 없이 밀려왔다
수평선처럼 멀어져 가며 끊임없이 부서져 간다

무심코 밀쳐둔 외로움 한껏 푸르러
행복해지고 싶은 나의 바다는
한밤 내 철썩철썩 파도를 친다

*노디 : 징검다리의 방언

사랑이라면

안갯속 몸부림이 번개를 치면
한 귀퉁이 남은 추억 줄기차게 쏟아져
잠잠하던 머릿속 천둥소리 요란하다

그 무게 얼마길래 일어 설 수 없도록
추스릴 수도 없는 천만 근의 무게로
온몸을 친친 옭아매고 있는 걸까?

내 안의 간곡한 울림
당신 심장으로 날아가 박힐 수 있다면
온종일 내리는 비에 흠뻑 젖어도
눈물 찍어 그 무게 덜어내지 않으련만…

바람 속의 여자

사랑하는 일 보다
더 소중하고 기쁜 일 또 있을까
조바심 나 애태우고
주체할 수 없어 안타까워도

아물아물 거리는 아지랑이 같이
하늘을 가르는 번개같이
후드득 쏟아지는 소낙비같이

불시에 왔다가 사라져
아득한 후회가 밀려와도

오늘도 바람 부는 벌판에 서서
고독을 건너온 사랑을 가슴에 담는다

초록비

안개보다 짙은 회색빛 하늘
아무리 생각을 키워 손을 뻗어도
멀찌감치 차단된 그리움의 높이

서로의 영혼을 위해 침묵했던 시간
사유의 숲을 걸어 나온 초록 비
소통을 위한 갈망으로 마음을 적신다

소리 없는 절규!
소리 없는 욕망!
소리 없는 언어!

매김 소리 같은 가냘픈 외침
비로소 더 큰 울림으로
되살아나는 것들을 묵도 한다

몽환夢幻

망가진 의욕에 불을 붙인
허튼 위상에 갇혀 깊이를 잴 수 없는
허상의 늪에 빠진 무릎 꿇은 본연의 부재

켜켜이 쌓인 이 어긋남은
도대체 어디서부터 왔을까

안개에 걸린 윤곽의 모서리 애매해져
캄캄하게 저물어 가는 창백한 나의 생애여!

비수처럼 가슴을 찌르는 후회
북받쳐 오르는데
원점으로 돌아가는 터널은
어디쯤에 있는 걸까?

그 후後

해가 져도 저물지 못하는 마음
나그네처럼 허둥거립니다

쏟아내면 너무 아프다고 울 것 같아
남겨 놓은 여백 위로
습기 찬 바람이 지나갑니다

우리가 남긴 이야기들은
하늘 끝에 매달려
풍경 소리를 냅니다

그래도 괜찮습니다
아직도 다 부르지 못한 노래
홀로 부를 수 있으니

사람들은

사람들은 태어나면서부터 사랑을 먹고 자란다
아무리 나이가 들어도
한없는 사랑을 추구하고 갈망한다
사랑이 없으면 아무것도 아닌 것이다

사람들은 사랑을 찾아 끝없이 방황하고 헤맨다
사랑을 주고 싶어 사랑을 하고 싶어
이루지 못할 짝사랑에 목을 맨다

사람들을 누군가를 그리워하는
기다림으로 산다
계절 속 그 나무 아래
그 꽃 아래 그 하늘 아래
사랑이란 허물을 벗어놓고
허망한 마음으로 산다

다시 교정에서

라일락꽃 그늘에 앉아
너를 바라보며 작은 별이 되었던
그 시절로 돌아갈 수는 없을까?

피 끓는 청춘의 꿈
숭얼숭얼 매달아 놓았던 그때처럼
다시 꿈을 꿀 수는 없을까?

무한한 소망 환하게 꽃피어
찬란했던 그날처럼
라일락꽃 향기는 그대로인데

맥없이 스러지는 시간 속
허리띠 매달아 놓은 빛바랜 회한만
운동장에 흥건하다

그대는

어쩌면
설렘 넘치는
연둣빛 빛살

때로는
뜨겁게 타오르는
장밋빛 열정

가끔은
가슴을 적시는
잿빛 눈물

저물녘
오롯한 풍경
물들이고 싶은 영혼

긴 장마

시간이 아무리 흘러도 야위지 않은 상흔
진하게 우려 깊숙이 가둬 놓은 채
춥다고 딸꾹질하며 몇 날을 앓는다

얼마나 많은 상처로 범벅이 되어야
찐득한 저 눈물이 멈출 수 있을까
언제쯤 청때 낀 바위틈에 뿌리내려
움 하나 틔울 수 있을까?

주무르고 버무려 놓은 차디찬 땅에
짐승처럼 그림자로 누워
한 뜸 한 뜸 침을 꽂는다
절여진 긴 그리움 풀어 목쉰 서러움으로

꽃다지

마음도 어정쩡 겉도는 봄날
햇살 한 줌 그늘을 일궈
온몸으로 우린 고요 속
그림자 떨치려고 모퉁이로 가는 바람

봄 먼저 당도하여
희망 하나 주시려고 까치발을 세운 채
봄빛을 켜 들고 있는 당신
한눈에 알아보았습니다

기어코 꽃으로 피어 구석구석 지핀 불씨
주체할 수 없도록 온몸에 자국을 냅니다
덤으로 삼켜버린 만근 무게

어머니!
저는 아직 길 위에 서 있습니다

빈 의자

태양이 갈아엎는 빛의 이랑 건너뛰며
징검징검 흔들리다 눈물이 된 시간
얼마나 새로운 날 기다리고 기대했던가

아픔을 허리에 두르고 먼 곳을 응시한다
근심하고 탐욕하고 욕망으로 집착했던
눈썹 같은 외로움
잠시라도 내려놓고 쉬어본 적 있었던가

담벼락에 달라붙은 앙상한 담쟁이의 뼈
빈 의자에 길게 눕는다.

운주사에 가면

마른 숨결 몰아쉬며 일주문 들어서면
보고픈 얼굴 미쁜 마음으로 주문을 외우듯
어서어서 오너라, 오느라 수고했다
햇살 같은 미소로 입을 열어 맞이하신다

잎 새를 푸르게 하여 환한 웃음을 피우고
꽃의 향기 피워 나무를 춤추게 하고
만나는 사람들마다 살아있음이 행복이라고
바람이 전하는 말 듣고 싶어 산봉우리 오르면

욱신거린 어깻죽지 맞대고
북두칠성 바라보시며
아직도 자식들의 근심 걱정 놓지 못하신 체
나란히 누워 잠드신 울 엄니 아부지 같은 와불

살금살금 올라가 얼굴을 뵈옵고
모처럼의 편한 쉼 깨어나실까 두려워
속된 마음만 덩그마니 남겨놓고
그냥 그냥 돌아섭니다.

무심한 척 살아도

나는 알아요
흘러내리는 나의 눈물 고이는 곳마다
물을 주어 가꾸는 사랑의 꽃 피워놓고
그 꽃잎 위에 향기로 앉아있다는 것을

나는 믿어요
고단하고 힘겨운 나의 삶을 위하여
항상 기도하고 염려하며
홀로 내버려두지 않고 있다는 것을

나는 알아요
기억의 의식들이 마디마디 흐물거려
슬픔이 자욱하고 혼미하게 흔들려도
당신의 영혼 속에는 항상 내가 있다는 것을

나는 믿어요
오랜 세월에 걸쳐 무르익은 향내음으로
바다보다 더 깊고 넓은 심연 속에서
서로를 향해 살아가고 있다는 것을

다시, 새해

어둠이 고요를 지나
절벽의 바위 밀어 올리며
찬란한 여명을 열자 첫차를 타고 온
풋 별들의 초롱한 눈매
주홍빛 화원에 물꼬를 트며
흥건히 물을 댄다

닿을 수 없는 허공 기웃거리며
낮은 목소리로 전하는 서툰 고백에
먼발치로 다가온 산 그림자
마음까지 접힌 주름을 편다

바람은 칼끝처럼 예리한
갈급함의 목마름 내려놓자
농창농창 잘 익은 상처 언저리
풋풋한 새살이 돋는다

제대로 챙기지 못해
어깨를 짚는 표상
속내를 훑어 내리며

푸름으로 부서지는 물결 위
금빛 새 한 마리 붓을 물고
하늘로 비상한다

시집을 닫으며

　갈래머리 학창 시절 詩 쓰기를 좋아하였던 문학소녀는 푸쉬킨, 릴케, 구르몽 등 시인들의 시를 외우고 베껴 쓰며 문학의 꿈을 펼쳤었던 시절 백여 편의 詩를 써놓았던 창작 노트를 분실한 후 실망이 너무 커서 문학의 꿈을 모두 접어 버렸었다.

　결혼 후 먹고살기 바빠서 까맣게 잊고 살았던 詩 쓰기를 지천명의 나이가 되어서야 우연히 다시 접하게 되었다.

　감히 시인이 된다는 것은 생각지도 못했는데 나의 글이 대체로 짧고 장단이 있다며 시조로 등단을 하라는 모 교수님의 끊임없는 권유로 인해 2005년 『시조세계』에 시조로 등단을 하게 되었다. 그동안 3권의 시조집을 내었고 출판기념회도 나름 멋지게 치렀다.

　하지만 2016년 〈문학춘추〉에 詩로 등단을 하였는데도 많이 쓰고 좋아하였던 시집을 내지 못함이 못내 아쉬워 저장해 두었던 詩들을 간추려 네 번째로 시집을 내게 되었다.

5개월 전 심장 혈관이 고장이 나서 많이 아팠다.

많은 생각들이 교차交叉하였던 병원을 퇴원하니 세상도 달라진 듯 맑고 푸른 하늘이 너무 좋았다.

지나온 삶들이 주마등처럼 스쳐가며 행복했던, 눈시울 시큰하게 아팠던, 수많은 일들이 시집에서 미소를 지으며 "그래 잘 살았다 그만하면 되었다."라며 위로를 한다.

단 하루가 남은 삶일지라도 밤을 새워도 좋은 詩를 쓰고, 많이 사랑하며 공부하고 노력하는 마음이 멋진 시인으로 살고 싶다.

- 청원 이명희

이명희 시집

꽃은 저 홀로 피어

인　　쇄	2024년 10월 23일
발　　행	2024년 10월 30일
지 은 이	이 명 희
펴 낸 이	노 남 진
편　　집	장 숙 영
펴 낸 곳	(사)한림문학재단 · 도서출판 한림
	61488 광주광역시 동구 백서로125번길 11(금동)
	(062)226－1810(代) · 3773
	E－mail hanlim1992@kakao.com
	출판등록 제1990－000008호(1990. 9. 14.)

ⓒ 이명희, 2024
이 책의 저작권은 저자에게 있습니다.
저자와 출판사의 허락없이 내용의 일부를 발췌하거나 인용할 수 없습니다.

값 12,000원
ISBN 978-89-6441-571-9　03810

* 이 책의 판매처 _ 교보문고, 예스24